BEI GRIN MACHT SICH IHR WISSEN BEZAHLT

- Wir veröffentlichen Ihre Hausarbeit,
  Bachelor- und Masterarbeit

- Ihr eigenes eBook und Buch -
  weltweit in allen wichtigen Shops

- Verdienen Sie an jedem Verkauf

Jetzt bei www.GRIN.com hochladen und kostenlos publizieren

Bibliografische Information der Deutschen Nationalbibliothek:

Die Deutsche Bibliothek verzeichnet diese Publikation in der Deutschen National-bibliografie; detaillierte bibliografische Daten sind im Internet über http://dnb.d-nb.de/ abrufbar.

Impressum:

Copyright © 2017 GRIN Verlag
Druck und Bindung: Books on Demand GmbH, Norderstedt Germany
ISBN: 9783668845923

Dieses Buch bei GRIN:

https://www.grin.com/document/449751

Julian Springer

Das soziotechnische System. Beispiele aus der Praxis

GRIN Verlag

GRIN - Your knowledge has value

Der GRIN Verlag publiziert seit 1998 wissenschaftliche Arbeiten von Studenten, Hochschullehrern und anderen Akademikern als eBook und gedrucktes Buch. Die Verlagswebsite www.grin.com ist die ideale Plattform zur Veröffentlichung von Hausarbeiten, Abschlussarbeiten, wissenschaftlichen Aufsätzen, Dissertationen und Fachbüchern.

Besuchen Sie uns im Internet:

http://www.grin.com/

http://www.facebook.com/grincom

http://www.twitter.com/grin_com

FOM Hochschule für Ökonomie & Management Essen

Standort Stuttgart

Berufsbegleitender Studiengang

Wirtschaftsinformatik – Bachelor of Science (B.Sc)

2. Semester

Thema:

Das soziotechnische System

- Beispiele aus der Praxis -

Autor: Springer, Julian

Abgabedatum: 28.07.2017

III

Inhaltsverzeichnis

Abbildungsverzeichnis IV

1   Einleitung 1

   1.1   Problemstellung 1

   1.2   Zielsetzung und Vorgehensweise 1

2   Grundlagen 2

   2.1   Entstehung des soziotechnischen Systems 2

   2.2   Der soziotechnische Systemansatz 3

   2.3   Die Grundzüge des soziotechnischen Systems 4

   2.4   Vier Grundannahmen des soziotechnischen Systems 5

   2.5   Adaptionsfähigkeit der Mitarbeiter in Transformationsperioden 5

3   Beispiele aus der Praxis 7

   3.1   Industrie 4.0 als soziotechnisches System 7

      3.1.1   Umsetzung Bosch 8

      3.1.2   Umsetzung Daimler 9

   3.2   Computergestützte Kommunikation als soziotechnisches System 9

      3.2.1   Definition computergestützte Kommunikationssysteme 9

      3.2.2   Voraussetzungen soziotechnischer Kommunikationssysteme 10

      3.2.3   Aufbau sozialer Netzwerke 11

4   Zusammenfassung und Ausblick 12

Literatur- und Internetverzeichnis 13

Abbildungsverzeichnis

Abbildung 1: Soziotechnisches System 3

Abbildung 2: Industriearbeit der Zukunft – Industrie 4.0 8

Abbildung 3: Socio-Technical System Design 11

1 Einleitung

1.1 Problemstellung

Bei der Einführung von soziotechnischen Systemen muss jedes Unternehmen sein eigenes individuelles Konzept finden.[1] Der Begriff wurde traditionell verwendet, um Technologien in ihrem sozialen Umfeld zu identifizieren. Heutzutage benutzt man den Begriff aber um Systeme, die mit Menschen, anderen Technologien, physischen Gegebenheiten, Prozessen und Informationen interagieren, zu identifizieren.[2] Der größte Einfluss und zudem schwerste kalkulierbare Faktor sind die turbulenten Arbeitsumgebungen in denen Schwankungen und Störungen auftreten, die psychologisch eingeschätzt werden müssen.[3] „The longwall method will be regarded as a technological system ... and as a social structure consisting of the occupational roles that have been institutionalized in its use. The interactive technological and sociological patterns will be assumed to exist as forces having psychological effects ... Together, the forces and their effects constitute the psycho-social whole which is the object of study"[4] Die größte Herausforderung ist es diese Störungen des soziotechnischen Systems bereits in der Modellierung des individuellen Konzepts bestmöglich zu minimieren. Um die Lücke zwischen dem sozialen- und technischen Teilsystem so gering wie möglich zu halten, gibt es verschiedene Ansätze, wie man potenzielle Störungen am besten identifizieren kann.[5]

1.2 Zielsetzung und Vorgehensweise

Im Rahmen dieser wissenschaftlichen Arbeit soll dem Leser die Bedeutung und der Einfluss von soziotechnischen Systemen im Arbeitsalltag vermittelt werden, welche sich auf dem soziotechnischen Systemansatz, den Grundzügen, den vier Grundannahmen und der Adaptionsfähigkeit der Individuen stützt. Insgesamt ist diese Arbeit in fünf Hauptkapitel untergliedert. Deshalb erfolgt in Kapitel 2 die Erläuterung zur Entstehung und die nötigen Grundlagen zum Verständnis des Systems. Im weiteren Verlauf beinhaltet Kapitel 3 Beispiele, wie solche Systeme in der Praxis umgesetzt

---

[1] vgl. Freund, Ferdinand/Knoblauch, Rolf/Racké, Gerhard(1993),S. 102
[2] vgl. Davidsson; Logan; Takadama(2005),S. 66
[3] vgl. Tscheulin(2009),S. 87
[4] Trist/Bamforth(2016),S. 5
[5] vgl. Munson/Cavusoglu/Frisch/Fels(2013), o.S.

werden. Zum Schluss erfolgt in Kapitel 5 die Zusammenfassung und mögliche Aus-
blicke in die Zukunft.

2 Grundlagen

2.1 Entstehung des soziotechnischen Systems

Trist & Bamforth führten im Jahr 1951 eine Studie des Tavistock-Institus im engli-
schen Kohlebergbau durch.[6] Ziel dieser Studie war es die Ursachen, für häufige Un-
fälle, viele Fehlzeiten und schlechte Motivation bei der Arbeit, zu ermitteln.[7]

„Im alten System (**Shortwall System**) hatte die Arbeitsgruppe aus zwei bis sechs
Bergleuten bestanden, welche ihre Löhne untereinander im gleichen Verhältnis teil-
ten. Sie arbeiteten in verschiedenen Schichten, aber immer am selben Ort und waren
für die gesamte Bergbautätigkeit, bestehend aus Abbau, Beladen der Lore und
Transport, verantwortlich. Nach der Longwall-Methode wurde jeder Teil dieser Tätig-
keit einer speziellen Schicht zugewiesen. Dadurch wurde das soziale Unterstüt-
zungssystem, welches früher zur Verringerung des Angstniveaus beigetragen hatte,
zerstückelt."[8]

Mit Einführung von neuen Technologien wurden im Schacht von South Yorkshire
bisher gut funktionierende Arbeitsgruppen auseinandergerissen und stattdessen Arbeitsteilung eingeführt. Die Bergleute fanden aber eine Lösung, indem sie die Grup-
penarbeit mit der neuen Bergbautechnik kombinierten. Es ließ sich somit die Auflö-
sung von Arbeitsgruppen durch Selbstorganisation vermeiden.[9] Die Veränderung
verringerte die Arbeitsteilung in der Gruppe und führte daher zu geringeren Abwe-
senheitsraten, weniger Unfällen und höheren Leistungen. Es genügt daher nicht die
Arbeitsorganisation nur aus technischer Perspektive zu optimieren, sondern sowohl
das soziale- als auch das technische System gemeinsam zu betrachten. Ziel sollte
es sein beide Subsysteme passend zu gestalten, damit sie sich optimal ergänzen.
Durch die Interpretation der Befunde von Trist und Bamforth entwickelten sie eine

---

[6] vgl. Trist/Bamforth(2016),S. 3
[7] vgl. Ulich(2011),S. 192
[8] Greif(1997),S. 484
[9] vgl. Trist/Bamforth(2016),S. 4–6

neue Betrachtungsweise auf die Wechselwirkung von Mensch und Arbeitssystem. Sie prägten den Begriff des „soziotechnischen Systems".[10]

2.2 Der soziotechnische Systemansatz

Der soziotechnische Ansatz betrachtet die Mitglieder, die Aufgabe, die Organisationsstruktur und die Technik in einem Abhängigkeitsverhältnis, um ein bestimmtes Arbeitsergebnis zu erzielen.[11] Demnach besteht das soziotechnische System aus zwei Subsystemen. Zum einen das technische Subsystem, das die Technologie und Aufgaben umfasst und zum anderen das soziale Subsystem, also Mitglieder und Unternehmensstrukturen.[12] Beide Subsysteme haben starke Abhängigkeiten zueinander und sind daher nicht voneinander zu trennen.[13] In Abbildung 1 werden diese Abhängigkeiten grafisch dargestellt.

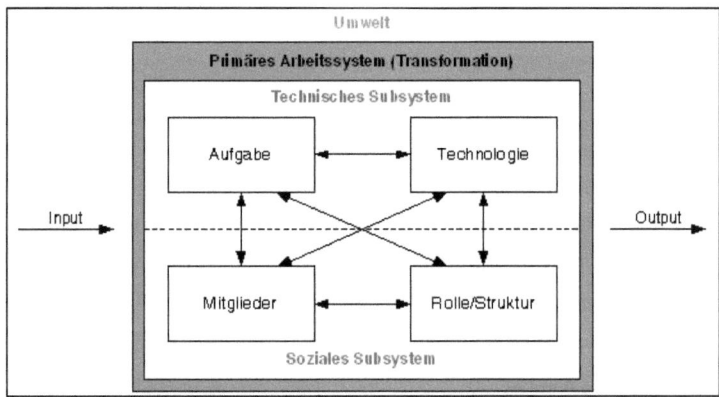

Quelle: Sydow(1985),S. 29
Abbildung 1: Soziotechnisches System

Es gibt fünf Schlüssel Charakteristiken, die soziotechnische Systeme auszeichnen.

1. Systeme sollten aus unabhängigen Teilen bestehen

---

[10] vgl. Greif(1997),S. 483–488
[11] vgl. Holtfort(2013),S. 26
[12] vgl. Hubig(2008),S. 165–166
[13] vgl. Kremers(2013),S. 78–79

2. Systeme sollten sich an externe Faktoren anpassen lassen

3. Systeme haben eine interne Umgebung, die getrennt aber dennoch unabhängig sowohl technische- als auch sozial Subsysteme umfasst

4. Systeme besitzen das gleiche Ziel. Das bedeutet, dass das Ziel auf unterschiedlichem Weg erreicht werden kann.

5. Die Gesamtleistung des Systems beruht auf der gemeinsamen Optimierung von technischen und sozialen Subsystem. Die Fokussierung auf nur eines dieser Systeme und den Ausschluss des anderen wird höchstwahrscheinlich zu einer verschlechterten Systemleistung führen.[14]

2.3 Die Grundzüge des soziotechnischen Systems

Der Begriff des soziotechnischen Systems wurde von Emery und Trist verwendet, um Systeme zu beschreiben, die eine komplexe Wechselwirkung zwischen Mensch, Maschine und den Umweltaspekten des Arbeitssystems beinhalten - heutzutage gilt diese Interaktion für die meisten Unternehmenssysteme.[15] In Unternehmen wird in der Regel computergestützt, durch Einsatz von informationstechnischen Systemen wie z. B. E-Mail, Chat-Räume oder Soziale Netzwerk Plattformen, kommuniziert. Demzufolge haben technische Systeme eine hohe Bedeutung für Unternehmen, deren Rollen und Prozesse. Der Einsatz von elektronischen Geräten beeinflusst das soziale System enorm. Dadurch ändern sich die Kommunikationswege und Entscheidungskompetenzen.[16] Daher sind Unternehmen im modernen Zeitalter der Informationsgesellschaft als soziotechnische Systeme anzusehen und nicht als soziale Systeme, die mit Hilfe von technischen Systemen die Kommunikation nutzen. Denn durch die globale Vernetzung von elektronischen Geräten entsteht ein ganz neuer gesellschaftlicher Wirkungsraum auf die Art der Kommunikation.[17]

[14] vgl. Baxter/Sommerville(2011),S. 4
[15] vgl. Churchman/Verhulst(1960),S. 84
[16] vgl. Luhmann(2013),S. 365
[17] vgl. Rammert(2013),S. 115

2.4 Vier Grundannahmen des soziotechnischen Systems

Das soziotechnische System lässt sich auf vier Grundannahmen zusammenfassen, die wie folgt aussehen.

1. Als soziotechnische Systeme werden komplexe Arbeitssysteme bezeichnet, in welchen einerseits technisch-technologische (d.h. technische Einrichtungen, sowie formale Strukturen und Vorgaben), andererseits soziale (d.h. Menschen und Arbeitsgruppen sowie informelle Strukturen) Teilsysteme bei der Erfüllung einer Aufgabe zusammenwirken.[18]

2. Soziotechnische Systeme reagieren sehr empfindlich auf Turbulenzen in der Umgebung. Man kann sich ihnen nicht entziehen und sollte sie daher eliminieren, um die Aufgabe trotz des Auftretens zu erfüllen.[19]

3. Das technische Teilsystem schafft dennoch unausweichliche Rahmenbedingungen für das soziale Teilsystem. Diese reglementieren die Prozesse und Strukturen dennoch nicht zwingend, sondern erlauben dem sozialen System trotz allem einen gewissen Handlungs- und Gestaltungsspielraum, um die Chance von flexiblem Handeln ergreifen und nutzen zu können.[20]

4. Durch die Maximierung von Selbstregulation in teilautonomen Arbeitsgruppen wird ein besseres Auffangen von Schwankungen und Störungen erreicht und zudem hilft es den Menschen dabei, die psychische Belastung besser zu verkraften[21].

2.5 Adaptionsfähigkeit der Mitarbeiter in Transformationsperioden

Zeiten großer soziotechnischer Umbrüche zeichnen sich nicht nur durch bedeutsame technologische Veränderungen, sondern immer auch durch die damit verbundene gravierende soziale Neuordnung aus. Wie sie konkret verlaufen, welcher technologische, institutionelle oder gar strukturelle Wandel sich tatsächlich durchsetzt, hängt auch davon ab, ob und wie die Mitarbeiter ihre neue soziotechnische Herausforderung wahrnehmen bzw. wie adaptionsfähig sie sind. Unter Adaptionsfähigkeit

---

[18] Krause/Schüpbach/Ulich/Wülser(2008),S. 26
[19] vgl. Jackson(2000),S. 95
[20] vgl. Ulich(2011),S. 331
[21] vgl. DiStefano/Rudestam/Silverman(2003),S. 412–413

wird nicht nur eine reaktive Adaptierung verstanden, sondern vielmehr, wie die Betreffenden über einen längeren Zeitraum mit den Unsicherheiten und Ambiguitäten, die in den soziotechnischen Umbruchperioden entstehen, umgehen. Gemeint ist, wie sie mit noch unreifen und anwendungsoffenen technologischen Möglichkeiten, sowie die damit verbundenen unternehmerischen und organisatorischen Herausforderungen antizipieren.[22]

Im Folgenden werden die bedeutsamsten Möglichkeiten von Adaptionsfähigkeit, die durch die konkreten Muster und Formen soziotechnischer Transformationen geprägt sind, erläutert:

1. Adaptionsunfähigkeit. Mitarbeiter können durch Beständigkeit und konservativer Einstellung gegenüber der Struktur geprägt sein, die die Annahme neuer soziotechnischer Herausforderungen erschweren. Dadurch wird eine Transformation bereits im Entwicklungsstadium behindert. Dies hat eine unkontrollierte und krisenhafte Veränderung zur Folge.

2. Proaktive Adaptionsfähigkeit. Mitarbeiter können sich aber auch durch eine organisationale Offenheit und Flexibilität auszeichnen, die eine frühe Wahrnehmung und aufgeschlossene Verarbeitung neuer soziotechnischer Möglichkeiten eröffnen. Dies ist das komplette Gegenteil zur Adaptionsunfähigkeit.

3. Machtbasierte Adaption. Schließlich können Mitarbeiter aufgrund der vorhandenen Machtfigurationen auch in der Lage sein, grundlegend neue technologische Möglichkeiten über einen längeren Zeitraum erfolgreich abzublocken, mühselig kleinzuarbeiten oder nur teilweise aufzugreifen und damit einen Prozess nur mäßiger Restrukturierung zulassen.

4. Bewusste Nichtadaption. Die Mitarbeiter können sich schließlich auch bewusst nicht auf neue technologische Möglichkeiten einlassen z. B. weil ein solches Einlassen ihnen nach Begutachtung und Abwägung der wirtschaftlichen, politischen und sozialen Bedingungen als kritisch oder zu bedenklich erscheint.[23]

Die vorgestellten Möglichkeiten von Adaptionsfähigkeit haben gezeigt, dass der Umgang von Mitarbeiter zu Mitarbeiter mit neuen Technologien, die tief in bestehende Strukturen eingreifen, sehr unterschiedlich sein kann. Neue technologische Varian-

---

[22] vgl. Dolata(2013),S. 56–93
[23] vgl. Schreyögg/Sydow(2010),S. 1251–1262

ten die noch ungewiss in ihren identifizierbaren Eigenheiten und Veränderungspotenzialen sind, treffen dadurch auf einer großen Menge Mitarbeiter mit unterschiedlichen Vorstellungen, Routinen und Arbeitsweisen. Der Umgang mit neuen technologischen Herausforderungen, deren Wahrnehmung, Aufnahme und Weiterentwicklung lässt sich entlang der vorgenommenen Präzisierungen auf eine Sammlung identifizierbarer Faktoren zurückführen, die in ihrem Zusammenspiel distinkte Varianten sektoraler Adaptionsfähigkeit und technikinduzierten Wandels nahelegen.[24]

3 Beispiele aus der Praxis

3.1 Industrie 4.0 als soziotechnisches System

Das zentrale Element der Industrie 4.0 sind echtzeitfähige, intelligente und vollständig vertikal, wie auch horizontal vernetzte Systeme. Diese bestehen aus Mensch, Objekt und IT-Systemen. Das birgt sehr besondere Herausforderungen an die Teilnehmer der Vernetzung. [25] [26]

Von „*Kurz*", aber auch anderen in den Gewerkschaften, wird darauf hingewiesen, dass es im Gegensatz zu früheren digital basierten Technikkonzepten heute Anknüpfungspunkte für eine stärkere Berücksichtigung der menschlich-sozialen Komponenten gibt. Konkret heißt das: Industrie 4.0 wird als soziotechnisches System verstanden, das nicht nur neue technische, sondern auch neue soziale Infrastrukturen braucht, um erfolgreich umgesetzt zu werden.

Das Fraunhofer Institut für Arbeitswirtschaft und Organisation (IAO) ist der Auffassung, dass menschliche Arbeit und deren Qualifikation auch in Zukunft eine wichtige Rolle spielen wird. Dies stützten mehrere Studien aus dem ingenieurwissenschaftlichen Bereich. In einer Befragung von Betrieben und Experten gaben 97% der Befragten an, dass menschliche Arbeit in fünf Jahren weiterhin wichtig oder sogar sehr wichtig sein wird[27], wie in Abbildung 2 zu sehen ist.

---

[24] vgl. Dolata(2011),S. 118
[25] vgl. Kagermann/Helbig/Hellinger/Wahlster(2013),S. 5–7
[26] vgl. Spath(2013),S. 70
[27] vgl. Bochum(2015),S. 37

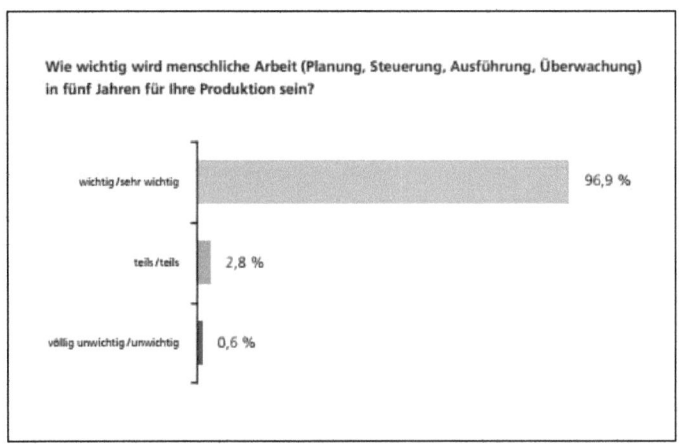

Quelle: Fraunhofer IAO, Spath (Hrsg.) 2013
Abbildung 2: Industriearbeit der Zukunft – Industrie 4.0

„Klar ist jedoch auch, dass sich die Produktion und damit auch die Produktionsarbeit ändern werden. Es stellt sich die vielmehr die Frage, wie die Arbeit in Zukunft aussehen wird."[28]

3.1.1 Umsetzung Bosch

Bei Bosch greifen heute schon digital hinterlegte Funktionen in physische Prozesse. Es findet dadurch ein Informationsaustausch statt. Dank dieser Technik zeigen Laser die entsprechenden Einbaustellen und Montageteile, die dafür benötigt werden auf. Der Werkzeugeinsatz wird ebenfalls geprüft und bei fehlerhafter Auswahl oder falschem Einsatzort wird der Mitarbeiter sofort gewarnt. Der komplette Fortschritt in den Fertigungshallen wird ständig überwacht. Diese Daten werden in Echtzeit ausgetauscht und verarbeitet. Im Fall von gefährlichen oder ergonomisch Bedenklichen Aufgaben werden Roboter für die weitere Ausführung des Arbeitsschritts eingesetzt. Der Mensch ist die Schlüsselfigur für das erfolgreiche konzipieren und technischen Umsetzen solcher intuitiven Lösungen des soziotechnischen Systems. Als ein Teil des Systems ist er der Treiber der Intelligenz des Gesamtsystems. Deshalb ist ihm ein besonderer Stellenwert anzurechnen.[29]

---

[28] Spath(2013),S. 51
[29] vgl. Krallmann(2016):Soziotechnische Betrachtung der Digitalisierung

3.1.2 Umsetzung Daimler

Bei Daimler in Bremen arbeiten Mensch und Roboter ohne Schutzzaun zusammen. Es soll ein 110 kg schweres Power-Batterie Paket in ein geöffnetes Heck einer C-Klasse punktgenau eingelegt werden. Der Roboter übernimmt in diesem Fall die schweren körperlich belastenden Arbeiten. Währenddessen überwacht der Mensch die Bewegungen des Roboters. Traditionell hätte der Mitarbeiter die Batterie mit einem speziellen Gerät abholen müssen, das Paket selbst beschleunigen und wieder abbremsen müssen. Zudem hätte der Mitarbeiter die Batterie dann noch vorsichtig in das geöffnete Heck einbauen müssen. Die Erkenntnis war der Startpunkt für die Mensch-Roboter-Kooperation. Die Mitarbeiter verbesserten durch ihr Wissen und Feedback stetig das System.[30]

3.2 Computergestützte Kommunikation als soziotechnisches System

3.2.1 Definition computergestützte Kommunikationssysteme

Die Aufgabe von computergestützten Kommunikationssystemen ist es Menschen zusammen zu bringen. Dedizierte Systeme in Unternehmen können das Wissen der Mitarbeiter erfassen, dieses Wissen verwalten und für die Entscheidungsfindung einsetzen. Kollaborative Arbeitsflächen beinhalten Designmerkmale, die die menschliche Koordination und das Brainstorming in typischen Arbeitsaufgaben unterstützen.[31]

Einige Forscher fanden dazu heraus: „Coordination is important in any system in which peoples are acting around artifacts together with negotiable goals and unfolding processes"[32] Solche soziotechnischen Systeme basieren auf organisatorischen und individuellen Bedürfnissen der Nutzer, allerdings unter den Einschränkungen der Technologien. Ein Bestreben ist es soziotechnische Räume so zu entwerfen, dass Asymmetrien für Medien, Vorzüge und Orte mitigiert werden.[33] Solche Entwürfe können menschliches Bewusstsein, Verhaltensweisen, technologische Entwürfe aber auch menschliche Praktiken einbeziehen, um einen faireren Einsatz von Medien-

---

[30] vgl. Daimler(2016):Mensch und Roboter - ziemlich beste Freunde
[31] vgl. Tatar/Lee/Alaloula(2008),S. 68–74
[32] Tatar/Lee/Alaloula(2008),S. 69
[33] vgl. Voida/Voida/Greenberg/He(2008),S. 313–322

werkzeugen zu erhöhen. Viele bestreben es Transparenz nach dem Ansatz WYSI-WIS („What You See is What I See") zu etablieren.[34] Seiten sozialer Netzwerke, Wikis, Blogs, Tagging und andere so genannte Web 2.0 Tools stärken die Konnektivität und das Teilen mit anderen. Die dynamische Konfiguration solcher Werkzeuge bedeutet gleich immer einen komplexen technischen Umfang. Verwobene kollaborative Wissensstrukturen können dadurch aufgebaut werden. Diese Werkzeuge ermöglichen eine dezentrale Gesamtkognition. Menschen können so gemeinsam an Herausforderungen arbeiten und diese meistern ganz unabhängig von der geografischen Distanz.[35]

3.2.2 Voraussetzungen soziotechnischer Kommunikationssysteme

Individuen brauchen ein grundlegendes Vertrauen und offene Kommunikation für effektives Arbeiten in soziotechnischen Systemen. Zahlreiche selbstorganisierte Netzwerke sind auf der Grundlage der Werkzeuge entstanden, die den Aufbau virtueller Gemeinschaften rund um das Teilen von Informationen ermöglichen. Es gibt heute sehr viele Gemeinschaften die auf diesem Prinzip bestehen wie z. B. Facebook, Google mit Hangouts oder auch Xing. Alles basiert auf dem World Wide Web was initial ein Informations-Web (Web 1.0), dann zu einem aktiven Web (Web 2.0), jetzt semantisches Web (Web 3.0) und sich auf dem Weg zu einem sozialen Web (Web 4.0) befindet. Jeder evolutionäre Schritt baut auf dem vorherigen auf, wie ein gemeinsames und interaktives Online-Verhalten. Sowie das Verhalten isolierter Nutzer braucht, brauchen isolierte Nutzer eine Software und Software wiederum braucht Hardware. Die daraus resultierende Evolution von computergestützter Kommunikation kulminiert im soziotechnischen System wie in Abbildung 3 zu sehen ist.[36]

---

[34] vgl. Stefik/Foster/Bobrow/Kahn/Lanning/Suchman(1987),S. 32–47
[35] vgl. Hollan/Hutchins/Kirsh(2000),S. 174–196
[36] vgl. Whitworth/Ahmad(2006),S. 533–538

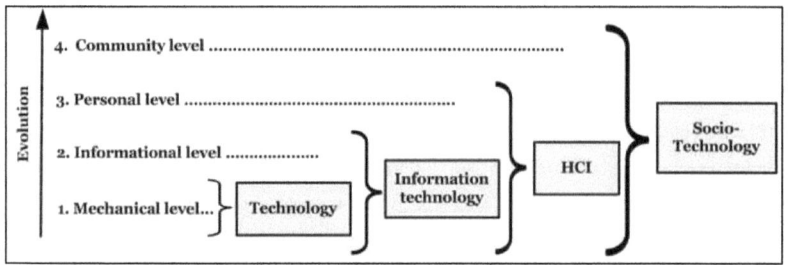

Quelle: Whitworth/Ahmad(2006):The Encyclopedia of Human-Computer Interaction
Abbildung 3: Socio-Technical System Design

3.2.3 Aufbau sozialer Netzwerke

Es wird zwischen drei unterschiedlichen Subsystemen unterschieden die auf das soziale Netzwerk zutreffen: das individuelle System, das zweiteilige System und das Gruppenuntersystem.[37] Das individuelle Subsystem beinhaltet die Funktionalitäten welche sich auf das Individuum beziehen. Dazu gehört auch die Art, wie es sich anderen präsentiert und welche Einstellungen gemacht werden in Bezug auf die Benutzung des Systems. Das zweiteilige Subsystem besteht aus Funktionalitäten, durch welche die Person ihre Eigenschaften zu Beziehungen zu anderen Personen setzen kann. Es gibt noch viele weitere Funktionen wie zum Beispiel das Hinzufügen von Freunden, andere Personen mit Stichwörtern zu markieren oder Nachrichten an andere Personen zu versenden. Hier besteht das soziotechnische System aus zwei Individuen und der Technologie über welche sie interagieren. Zum Schluss das Gruppenuntersystem, dass die technischen Bestandteile beinhaltet, um mit Gruppen von Menschen zu interagieren. Dieses Subsystem sind z. B. öffentliche Blogs und Foren. Das soziotechnische Subsystem ist, anhand der Gruppe von Menschen und der Technologie über die sie interagieren, zusammengefasst. Dies unterscheidet die sozialen Netzwerke von früheren computergestützten Arbeitssystemen. Dennoch, die meisten sozialen Netzwerk Seiten stellen stark genutzte Gruppen-Systeme bereit. Das Gesamtbild, welches soziale Netzwerke, also die Gruppe als soziotechnisches System, vernachlässigen scheint eine prekarisierte Version der Fakten zu sein, speziell die Gruppen haben einen erheblichen Einfluss auf die anderen Subsysteme im Ganzen.[38]

---

[37] vgl. Coenen/Kenis/van Damme/Matthys(2006),S. 189–198
[38] vgl. Coenen/van den Bosch/van der Sluys(2009),S. 620f

4 Zusammenfassung und Ausblick

Unternehmen werden grundsätzlich als soziotechnische Systeme betrachtet, welche die hohe Komplexität durch verschiedene Betrachtungsebenen reduziert, klare Schnittstellen implementiert und letztendlich die Dynamik auf einen abgeschlossenen Bereich eingrenzt. Dabei ist es sehr wichtig die Einbindung der Mitarbeiter und Kunden in die systemtechnischen Betrachtungen mit einzubeziehen, um das soziale Subsystem nicht zu vernachlässigen.[39] Es bleibt nicht lediglich bei Echtzeitkommunikation der Systeme, wie anhand von Industrie 4.0 erläutert. Es wird vielmehr zu einer Echtzeit Entscheidungsfindung auf Basis dieser Informationen kommen. Die Unternehmen müssen ihr Handeln sowohl technisch als auch wirtschaftlich grundlegend Überdenken, um an der Digitalisierung weiter teilzuhaben. Die Produkte und Prozesse werden auf den Prüfstand gestellt und wer dann nicht besteht wird seinen Platz im soziotechnischen System abgeben müssen bzw. ersetzt werden.[40]

---

[39] vgl. Fuhrmann(1998),S. 280
[40] vgl. Krallmann(2016):Soziotechnische Betrachtung der Digitalisierung

Literatur- und Internetverzeichnis

Literaturquellen

Baxter/Sommerville(2011):Socio-technical systems.in:Interacting with Computers. 23. 1.S.4–17.

Bochum((2015)):Gewerkschaftliche Positionen in Bezug auf „Industrie 4.0". Springer. s.l.

Churchman/Verhulst(1960):Management Sciences, Models and Techniques. Pergamon Press. Oxford, UK.

Coenen/Kenis/van Damme/Matthys((2006)):Knowledge Sharing over Social Networking Systems: Architecture, Usage Patterns and Their Application. Springer. Berlin.

Coenen/van den Bosch/van der Sluys((2009)):An Analysis of the Socio-Technical Gap in Social Networking Sites. Information Science Reference. Hershey, PA.

Davidsson; Logan; Takadama(2005):Multi-agent and multi-agent-based simulation.in:Lecture notes in computer science Lecture notes in artificial intelligence. Springer. Berlin.

DiStefano/Rudestam/Silverman(2003):Encyclopedia of Distributed Learning. SAGE Publications.

Dolata(2011):Wandel durch Technik. Campus Verlag.

Dolata(2013):The Transformative Capacity of New Technologies. Taylor and Francis. Hoboken.

Freund, Ferdinand/Knoblauch, Rolf/Racké, Gerhard(1993):Praxisorientierte Personalwirtschaftslehre. Kohlhammer. Stuttgart.

Fuhrmann(1998):Prozeßmanagement in kleinen und mittleren Unternehmen. Deutscher Universitätsverlag. Wiesbaden, s.l.

Greif(1997):Arbeits- und Organisationspsychologie. Beltz Psychologie Verlags Union. Weinheim.

Hollan/Hutchins/Kirsh(2000):Distributed cognition.in:ACM Transactions on Computer-Human Interaction. 7. 2.S.174–196.

Holtfort(2013):Intuition als effektive Ressource moderner Organisationen. Springer Fachmedien. Wiesbaden.

Hubig(2008):Der technisch aufgerüstete Mensch – Auswirkungen auf unser Menschenbild. Springer-Verlag. Berlin, Heidelberg.

Jackson(2000):Systems approaches to management. Kluwer Acad./Plenum Publ. New York, NY.

Kagermann/Helbig/Hellinger/Wahlster(2013):Umsetzungsempfehlungen für das Zukunftsprojekt Industrie 4.0. Forschungsunion.

Krause/Schüpbach/Ulich/Wülser(2008):Arbeitsort Schule. Gabler. Wiesbaden.

Kremers(2013):Modelling and Simulation of Electrical Energy Systems Through a Complex Systems Approach Using Agent-Based Models. KIT Scientific Publishing. Karlsruhe.

Luhmann(2013):Organisation und Entscheidung. VS Verlag für Sozialwissenschaften. Heidelberg.

Munson/Cavusoglu/Frisch/Fels(2013):Sociotechnical challenges and progress in using social media for health.in:Journal of medical Internet research. 15. 10.S.226.

Rammert(2013):Technik aus soziologischer Perspektive 2. VS Verlag für Sozialwissenschaften. Heidelberg.

Schreyögg/Sydow(2010):CROSSROADS—Organizing for Fluidity?in:Organization Science. 21. 6.S.1251–1262.

Spath(2013):Produktionsarbeit der Zukunft - Industrie 4.0. Fraunhofer-Verl. Stuttgart.

Stefik/Foster/Bobrow/Kahn/Lanning/Suchman(1987):Beyond the chalkboard.in:Communications of the ACM. 30. 1.S.32–47.

Tatar/Lee/Alaloula((2008)):Playground games. ACM. New York, NY.

Trist/Bamforth(2016):Some Social and Psychological Consequences of the Longwall Method of Coal-Getting.in:Human Relations. 4. 1.S.3–38.

Tscheulin(2009):Verhaltenswissenschaftliche Grundlagen in ökonomischen Systemen. BWV, Berliner Wiss.-Verlag.

Ulich(2011):Arbeitspsychologie. vdf-Hochschulverl. Zürich.

Voida/Voida/Greenberg/He(2008):Asymmetry in media spaces.

Whitworth/Ahmad((2006)):The Encyclopedia of Human-Computer Interaction:Socio-Technical System Design. Idea Group. Hershey Pa. u.a.

Internetquellen:

Daimler(2016):Mensch und Roboter - ziemlich beste Freunde. URL:https://www.daimler.com/innovation/digitalisierung/industrie4.0/mensch-und-roboter.html. 26.07.2017.

Krallmann(2016):Soziotechnische Betrachtung der Digitalisierung. URL:https://www.krallmann.com/de/publikationen.html?file=files/PDFs/publikation/2016/KRALLMANN_AG_Soziotechnische%20Betrachtung%20der%20Digitalisierung.pdf. 26.07.2017.